the last flower of the afternoon
ザ ラストフラワー オブ ザ アフタヌーン

物語を紡ぐ衣服

山田一文
高原万理子

文化出版局

Contents

no	title	page
A	スモックブラウス	p.4
B	Aラインドレス	p.6
C	ジャンプスーツ	p.8
D	ワークコート	p.10
E	スモックドレス	p.12
F	サイドボタンスカート	F-1→p.14 F-2→p.23
G	カシュクールドレス	G-1→p.16 G-2→p.26
H	ラウンドカラーブラウス	p.18
I	ヘムリボンタックパンツ	I-1→p.18 I-2→p.30
J	ラウンドヨークドレス	p.20
K	エプロンベスト	K-1→p.22 K-2→p.29
L	カシュクールブラウス	p.24
M	スタンドカラージャケット	p.28

How to make　　p.33

ご注意

本書で紹介した作品の全部または一部を商品化して、販売することは禁止されています。手作りを楽しむためにご利用ください。

story in clothes.

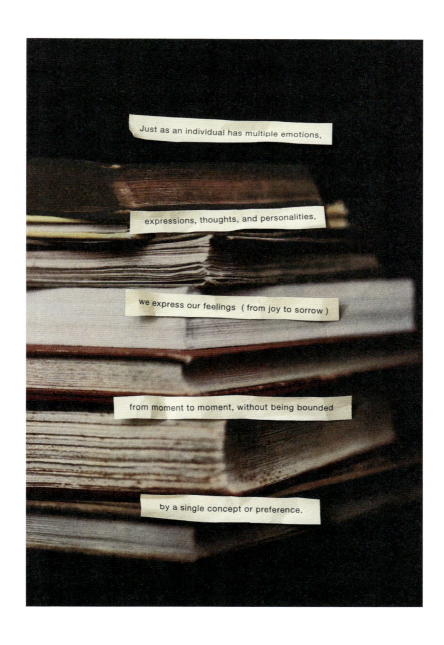

Just as an individual has multiple emotions,

expressions, thoughts, and personalities,

we express our feelings (from joy to sorrow)

from moment to moment, without being bounded

by a single concept or preference.

様々な感情や表情、思考、あるいは人格が個人の中にいくつもあるように
ひとつのコンセプト（あるいはテイスト等）に縛られず、固まらずに
その時々の想い（喜びだったり、悲しみだったり）を表現。

A

スモックブラウス

→ p.35

F-2　サイドボタンスカート

B

Aラインドレス
→ p.38

E

ジャンプスーツ

→ p.44

H　　ラウンドカラーブラウス

D

ワークコート

→ p.48

A　スモックブラウス
C　ジャンプスーツ

E

スモックドレス

→ p.34

12

B　Aラインドレス
I-2　ヘムリボンタックパンツ

F-1
サイドボタンスカート
→ p.68

A　スモックブラウス

G-1

カシュクールドレス

→ p.78

B　Aラインドレス

H
ラウンドカラーブラウス
→ p.41

I-1
ヘムリボンタックパンツ
→ p.63

J

ラウンンドヨークドレス

→ p.54

K-1

エプロンベスト

→ p.69

H　ラウンドカラーブラウス
F-2　サイドボタンスカート

F-2

サイドボタンスカート
→ p.68

H　ラウンドカラーブラウス

L

カシュクールブラウス
→ p.72

F-1　サイドボタンスカート
F-2　サイドボタンスカート

G-2

カシュクールドレス

→ p.78

M

スタンドカラージャケット
→ p.58

I-1　ヘムリボンタックパンツ
K-2　エプロンベスト

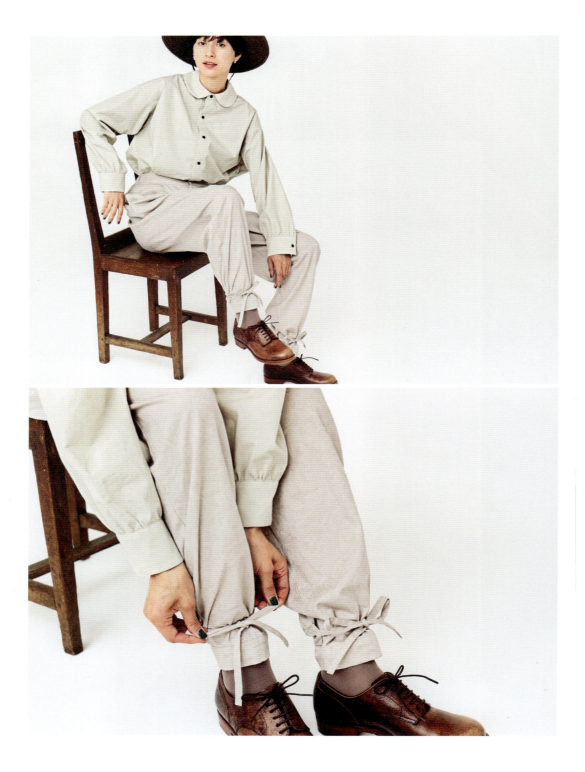

I-2

ヘムリボンタックパンツ

→ p.63

H　ラウンドカラーブラウス
K-2　エプロンベスト

F-2　サイドボタンスカート
G-2　カシュクールワンピース

How to Make

[サイズの選び方]

*付録の実物大パターンは0、1の2サイズ展開です。

*下記のサイズ表、作り方ページの出来上り寸法を参考にしてください。

*丈はお好みで調整してください。ボトムのウエストは、ゴム寸法でサイズ調整してください。

サイズ表（単位はcm）

	サイズ0	サイズ1
バスト	80～83	84～87
ヒップ	88～91	91～95
身長	155～166	

サイズ1はthe last flower of the afternoonで
展開しているそのままのサイズ感で
サイズ0はそれよりも小さめになります。

[布の準備、裁断について]

*完成後の洗濯による縮みを防ぐため、布は裁断前にあらかじめ水通しをして、布目を整えます。

*裁合せ図を参考に、布にパターンの布目線を合わせて配置し、縫い代つきのパターンどおりに裁断します。選ぶ布の幅により、パターンの配置が変わることがあります。布に必要なパターンを置き、確認してから裁ってください。

*合い印やあき止りなどは、縫い代端に0.3cm程度のノッチ（切込み）を入れてしるします。ポケットつけ位置のようにパーツの内側にある印は、チョークペンシルなどで布の表面にしるしておきます。

[作り方について]

*縫い代幅は実物大パターンのほか、裁合せ図に示した寸法も参考にしてください。縫い合わせるときはステッチ定規を使ったり、ミシンの針板の目盛りをガイドにしたりしてミシンをかけます。
出来上り線が必要なかたは、布の裏面にチョークペンシルやチョークペーパーでところどころに印をつけてもいいでしょう。

*布端の始末で「ロックミシン」と記載している部分は、ミシンのジグザグ縫い機能でも代用できます。

*1か所縫うごとに縫い目にアイロンをかけると、縫い目が落ち着いてきれいに仕上がります。

[実物大パターンの使い方]

*実物大パターンは、縫い代つきです。パーツ外周の太線はパターンと布のカット線、その内側に平行する細線は出来上り線です。
　○出来上り線は写す必要はありませんが、目安として入れています。

*ひもやループなど直線裁ちのパーツは、実物大パターンをつけていないものがあります。裁合せ図に示した寸法で、パターンを作るか布に直接印をつけてください。

*実物大パターンは別紙に写し取って使います。パターンに重ねて線が透ける、ハトロン紙のような紙に必要なパーツを写します。

*丈が長くて付録の用紙に収まらないパーツは、2つに分けてあります。上下のパーツの合い印を突き合わせて写し、1枚にします。

*異なるアイテムの線が交差しているので、写し取る線をマーカーペンや色鉛筆などでなぞっておくと分かりやすいでしょう。布目線や合い印、あき止り、ポケットつけ位置なども忘れずに写し取ります。

● 生地提供

宇仁繊維　https://www.komon-koubou.jp/
A　スモックブラウス　P.4
E　スモックドレス　P.12
G-1　カシュクールワンピース　P.16
H　ラウンドカラーブラウス　P.18
I-2　ヘムリボンタックパンツ　P.30
J　ラウンドヨークドレス　P.20

生地の森　https://www.kijinomori.com/
D　ワークコート　P.10
F-2　サイドボタンスカート　P.23
I-1　ヘムリボンタックパンツ　P.18
K-2　エプロンベスト　P.29
M　スタンドカラージャケット　P.28

リバティジャパン　https://www.liberty-japan.co.jp/
B　Aラインドレス　P.6
F-1　サイドボタンスカート　P.14
K-1　エプロンベスト　P.22

*時期によって完売もしくは取り扱いがない場合があります。ご了承ください。

E スモックドレス →p.12

Aのブラウスの丈をアレンジしてドレスに。20世紀初頭のスモックドレスがイメージソースです。BのドレスやIのパンツと重ね着してもすてきです。

出来上り寸法 ＊左から０／１サイズ
バスト＝127／131cm
着丈（後ろ）＝107.5／109cm
袖丈＝56／57cm

パターン
I表

材料
表布＝コットン タイプライター 近江晒加工（宇仁繊維）
　　　145cm幅 230cm
接着芯＝90cm幅 45cm
ボタン＝直径1cmを5個

準備 ＊裁合せ図も参照
・裏衿、カフスの裏に接着芯をはる。
・前見返しの端をロックミシンで始末する。

作り方順序
1　ループを作って（→p.73 3②参照）
　　前見返しに仮どめし、前あきを作る
2　肩を縫う →p.36 3参照
3　ひもを作り、衿を作る →p.36 4参照
4　衿ぐりにギャザーを寄せて、衿をつける →p.36 5参照
5　袖口のあきを作る →p.75 7参照
6　袖をつける →p.37 7参照
7　袖下〜脇を縫う →p.37 8参照。
　　ただし、脇は裾まで縫う
8　裾を始末する
9　カフスを作る →p.37 9参照
10　袖口にギャザーを寄せて、カフスをつける
　　→p.37 10参照
11　ボタンホールを作り、ボタンをつける

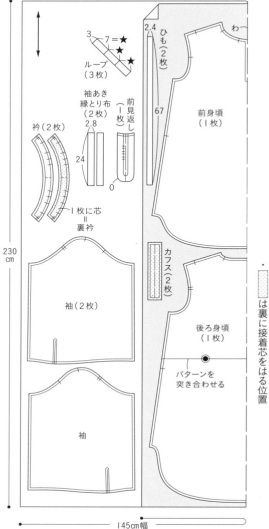

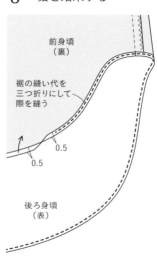

8 裾を始末する

A スモックブラウス →p.4

クラシカルなプルオーバータイプのブラウス。衿もとと袖口のギャザー、衿ひも、ボタンループと、繊細なディテールが可憐な雰囲気を醸し出しています。

出来上り寸法　＊左から0／1サイズ
バスト＝127／131cm
着丈（後ろ）＝78／79.5cm
袖丈＝56／57cm

パターン
1表

材料
表布＝コットン ジャカード（宇仁繊維）108cm幅 220cm
接着芯＝90cm幅 45cm
ボタン＝直径1cmを5個

準備　＊裁合せ図も参照
・裏衿、カフスの裏に接着芯をはる。
・前見返しの端をロックミシンで始末する。

作り方順序
1　ループを作って（→p.73 3②参照）前見返しに仮どめし、前あきを作る
2　裾を始末する
3　肩を縫う
4　ひもを作り、衿を作る
5　衿ぐりにギャザーを寄せて、衿をつける
6　袖口のあきを作る →p.75 7参照
7　袖をつける
8　袖下～脇を縫う
9　カフスを作る
10　袖口にギャザーを寄せて、カフスをつける
11　ボタンホールを作り、ボタンをつける

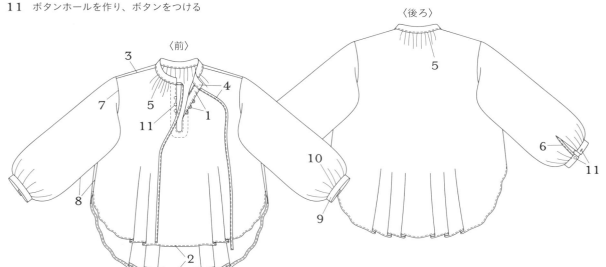

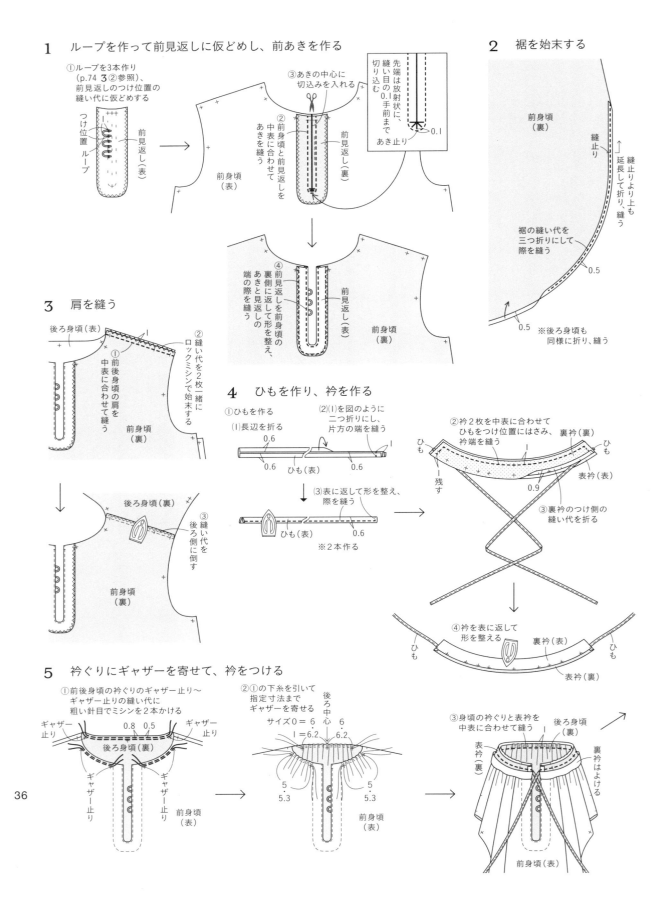

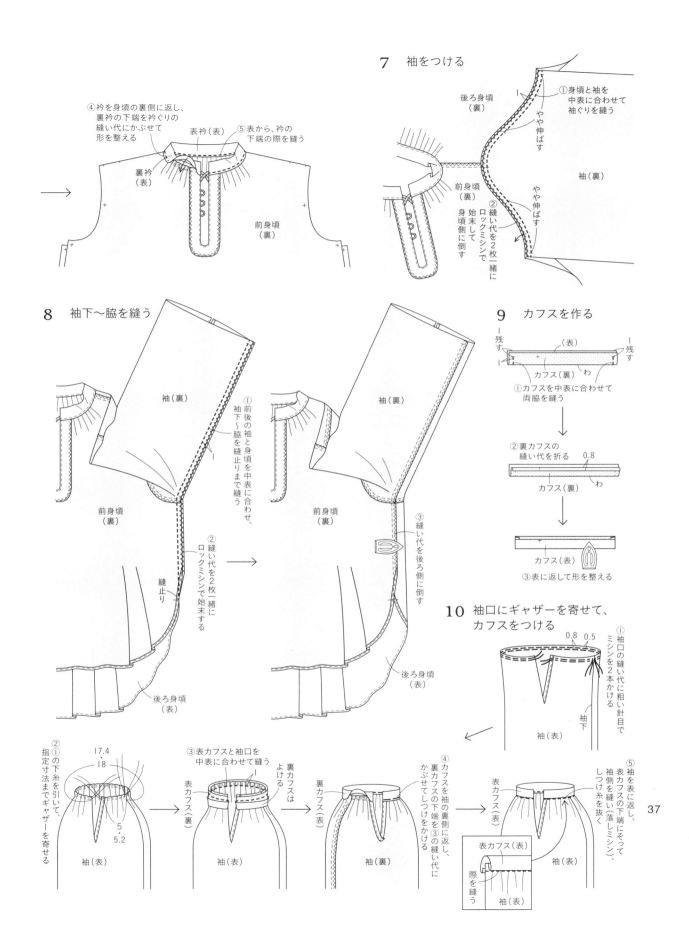

B Aラインドレス →p.6

ふわっと広がるシルエットに上品な衿ぐりのラインが美しいシンプルなドレス。カフスを添えて凛とした印象に。柄、無地、お好きな生地で作ってください。

出来上り寸法 ＊左から0／1サイズ
バスト＝108／112cm
着丈＝118／120cm
袖丈＝53／54cm

パターン
1裏、袋布1表

材料
表布＝コットン タナローン（リバティジャパン）
108cm幅 350cm
接着芯＝90cm幅 30cm
くるみボタン＝直径1.2cmを4個

準備 ＊裁合せ図も参照
・前後見返し、カフスの裏に接着芯をはる。

作り方順序
1 ループを作り（→p.73 3②参照）、衿ぐり見返しを作る
2 前後身頃の肩を縫う
3 衿ぐりと後ろあきを見返しで縫い返す
4 脇ポケットを作る
5 袖口のあきを作る →p.75 7参照
6 袖をつける
7 袖下〜脇を縫う
8 カフスを作る →p.76 10参照
9 袖口にギャザーを寄せて、カフスをつける →p.76 11参照
10 裾を始末する
11 ボタンホールを作り、ボタンをつける

1 ループを作り、衿ぐり見返しを作る

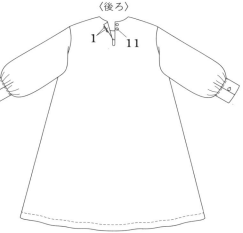

2　前後身頃の肩を縫う

3　衿ぐりと後ろあきを見返しで縫い返す

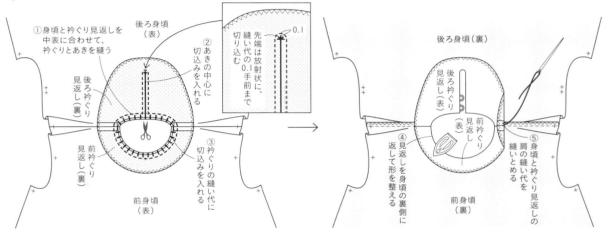

4　脇ポケットを作る

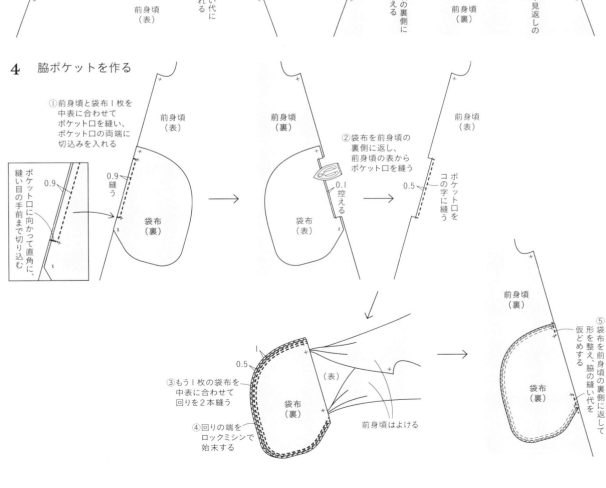

6 袖をつける

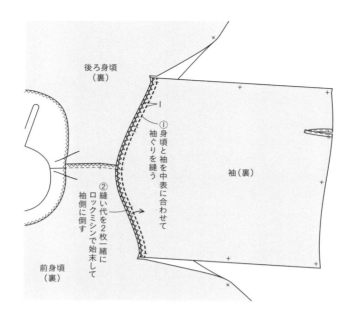

7 袖下～脇を縫う

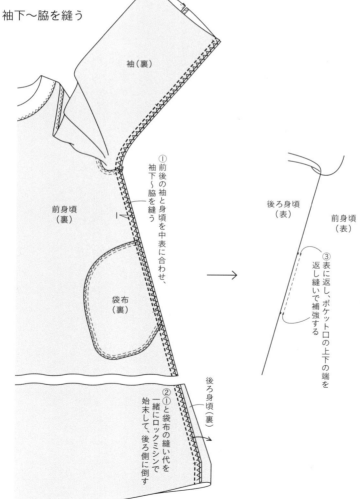

10 裾を始末する

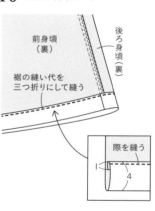

H ラウンドカラーブラウス →p.18

大きめの丸衿が着こなしのポイントに。短めの着丈により、インにしてもアウトにしてもバランスの取りやすい一枚です。

出来上り寸法 ＊左から0／1サイズ
バスト＝141／145cm
着丈＝62／63cm
袖丈＝49／50cm

パターン
2表

材料
表布＝コットン タイプライター 近江晒加工（宇仁繊維）
　　　145cm幅 180cm
接着芯＝90cm幅 65cm
ボタン＝直径1cmを8個

準備 ＊裁合せ図も参照
・前身頃の前端の縫い代、裏衿、裏台衿、裏カフスの裏に接着芯をはる。

作り方順序
1　後ろ身頃にギャザーを寄せて、ヨークと縫う
2　前身頃の前端を始末して、ヨークと縫う
3　衿と台衿を作る
4　台衿をつける
5　袖口のあきを作る →p.75 7参照
6　袖をつける →p.52 7⑤〜⑦参照。
　　ただし、袖山は伸ばさない
7　袖下〜脇を縫う →p.53 8参照
8　裾を始末する
9　カフスを作る →p.80 10参照
10　袖口にギャザーを寄せて、カフスをつける
　　（→p.76 11③〜⑤参照）
11　ボタンホールを作り、ボタンをつける

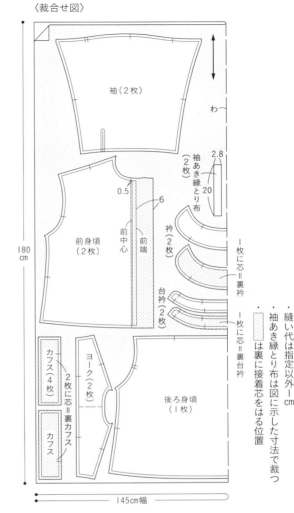

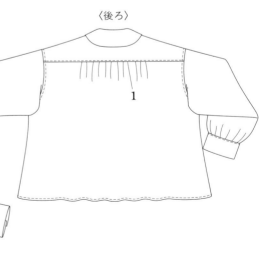

1 後ろ身頃にギャザーを寄せて、ヨークと縫う

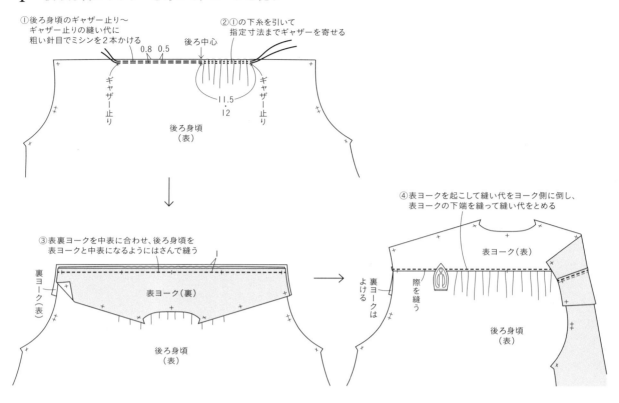

2 前身頃の前端を始末して、ヨークと縫う

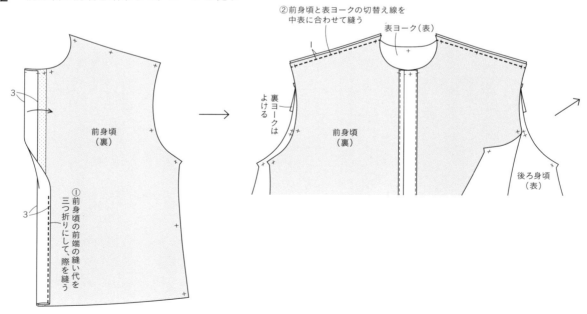

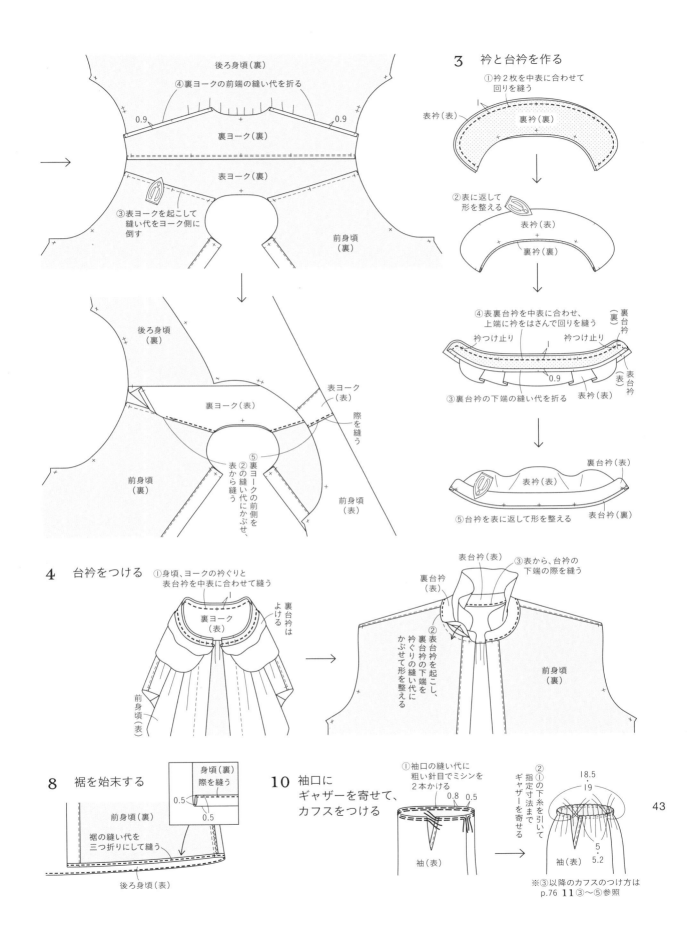

C ジャンプスーツ →p.8

フレンチスリーブ風の肩のラインや、身頃の切替えでジャンパースカートのようなムードを持ったアイテム。カジュアルになりすぎない、女性らしいシルエットです。

出来上り寸法 ＊左から0／1サイズ
ウエスト＝86／90cm
ヒップ＝159／163cm
着丈＝136.8／139cm

パターン
1表

材料
表布＝コットン スエード 145cm幅 230cm
裏布＝60×45cm
接着芯＝90cm幅 100cm
くるみボタン＝直径1.4cmを5個

準備 ＊裁合せ図も参照
・前見返し、左右後ろ見返し、持出し、あき見返し、裾見返し、裏ベルトの裏に接着芯をはる。
・あき見返しの端をロックミシンで始末する。

作り方順序
〈身頃を作る〉
1 表裏前身頃を作る
2 表裏後ろ身頃を作る
3 表裏身頃の肩をそれぞれ縫う
4 表裏身頃の後ろ端～衿ぐり、脇を縫う
〈パンツを作る〉
5 ウエストのタックをたたみ、裾のダーツを縫う
6 脇ポケットを作り、脇を縫う →p.64 3参照
7 股下を縫う
8 股上を縫い、後ろあきを作る →p.66 5、p.69 3参照。ただし、⑥は見返し端から縫い代1cmで縫う
9 裾見返しを作り、裾を縫い返す
〈身頃とベルト、パンツを縫う〉
10 身頃とベルトを縫う
11 パンツとベルトを縫う
12 ボタンホールを作り、ボタンをつける

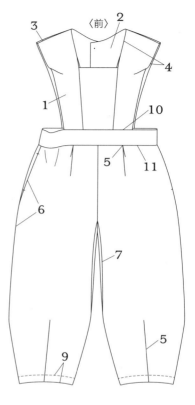

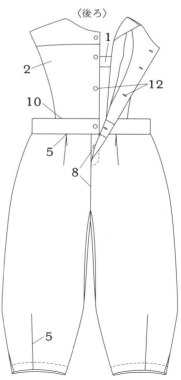

〈裁合せ図〉
表布

〈身頃を作る〉
1　表裏前身頃を作る

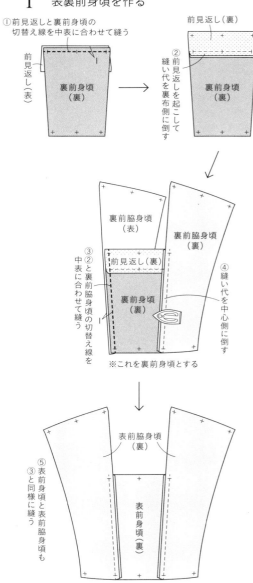

2　表裏後ろ身頃を作る

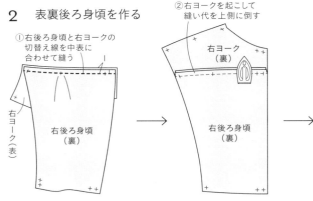

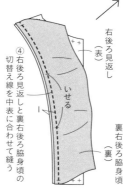

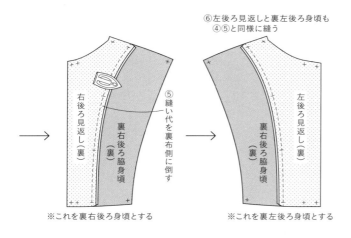

3 表裏身頃の肩をそれぞれ縫う

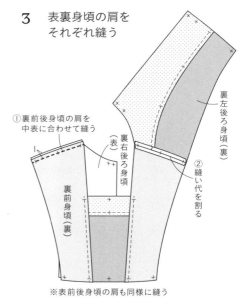

4 表裏身頃の後ろ端〜衿ぐり、脇を縫う

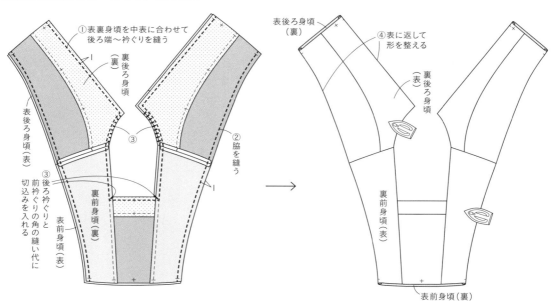

〈パンツを作る〉
5 ウエストのタックをたたみ、裾のダーツを縫う

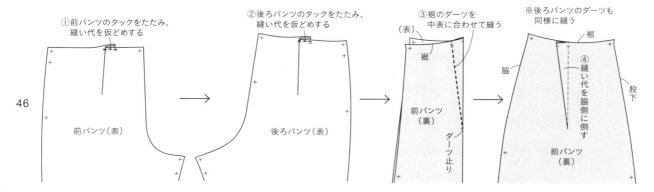

7 股下を縫う

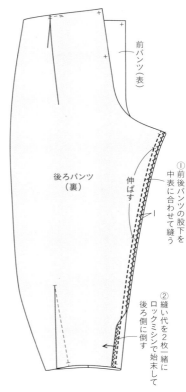

9 裾見返しを作り、裾を縫い返す

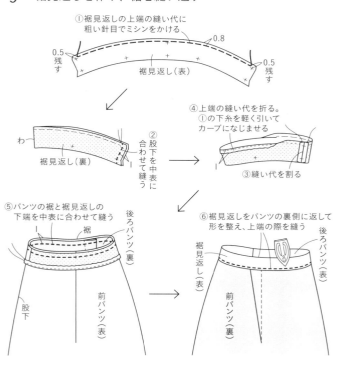

〈身頃とベルト、パンツを縫う〉
10 身頃とベルトを縫う

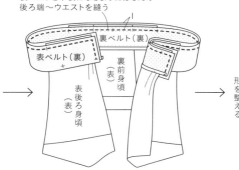
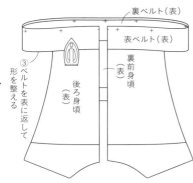

11 パンツとベルトを縫う

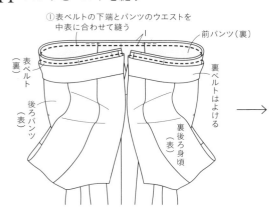
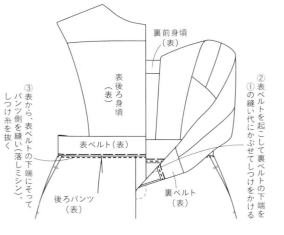

D ワークコート → p.10

ヴィンテージのコートからイメージしたオーバーサイズのコート。男性的なイメージがありますが、大きめのアウトポケットや背中のギャザーでやわらかさをプラスしました。

出来上り寸法　＊左から0／1サイズ
バスト＝134／138cm
着丈＝108／110cm
袖丈＝47／48cm

パターン
I 裏

材料
表布＝平織ラミーリネンウールキャンバス40番手 キナリ（生地の森）
　　　108cm幅 430cm
接着芯＝90cm幅 170cm
ボタン＝直径1.5cmを4個

準備　＊裁合せ図も参照
・前見返し、表衿、裏衿、袖口見返しの裏に接着芯をはる。
・前見返しの端、ポケットの脇～底の端をロックミシンで始末する。

作り方順序
1 ポケットを作り、つける
2 ループを作り（→p.73 3②参照）、左前見返しに仮どめする
3 前後身頃の肩を縫う
4 後ろ身頃にギャザーを寄せて、裏衿をつける
5 前見返しの端を縫い、表衿をつける
6 前身頃と表衿の端を前見返しと表衿で縫い返す
7 袖を作り、つける
8 袖下～脇を縫う
9 袖口見返しを作り、袖口を縫い返す
10 裾を始末する
11 ボタンホールを作り、ボタンをつける

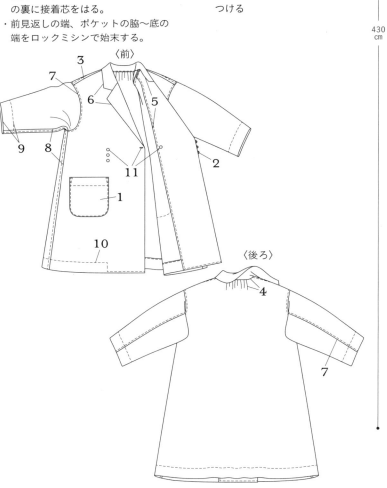
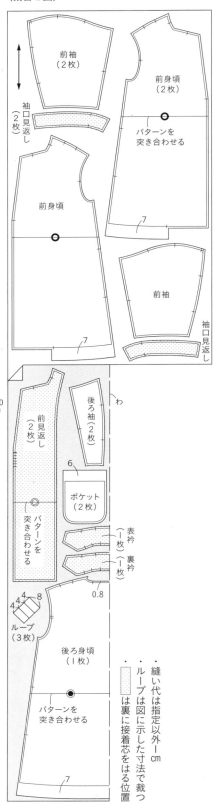

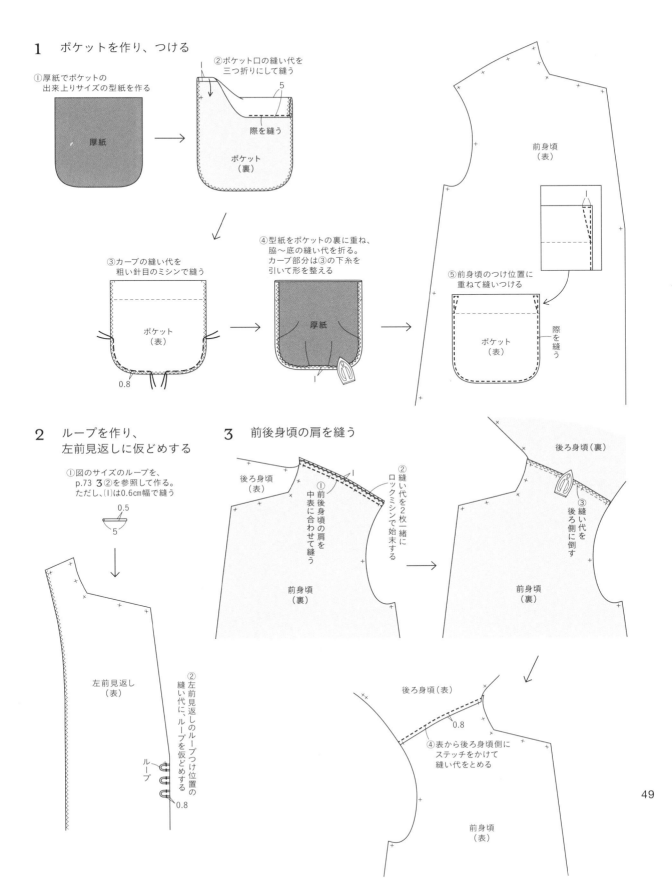

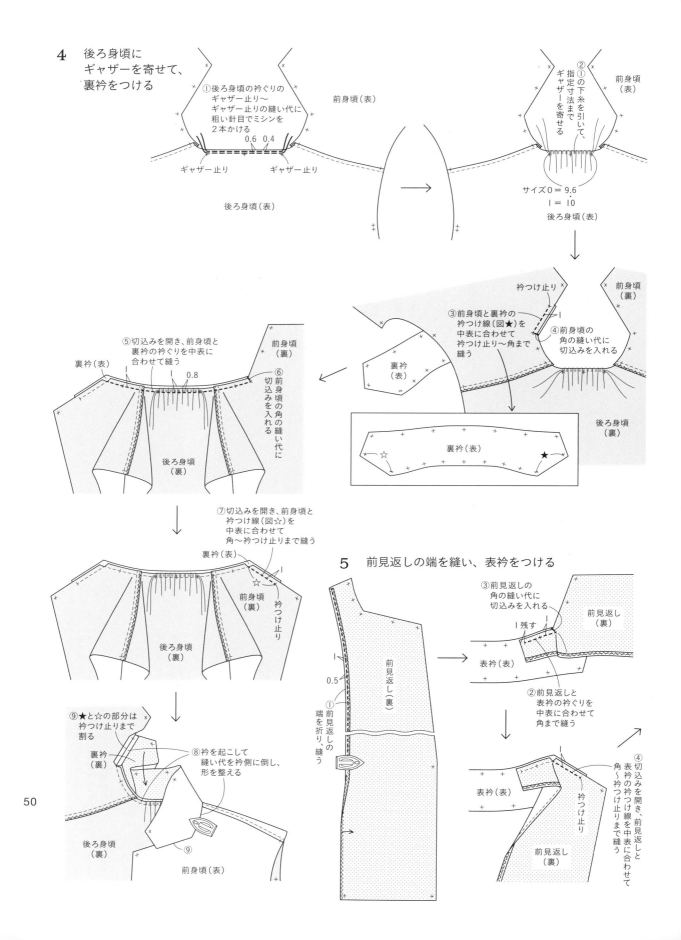

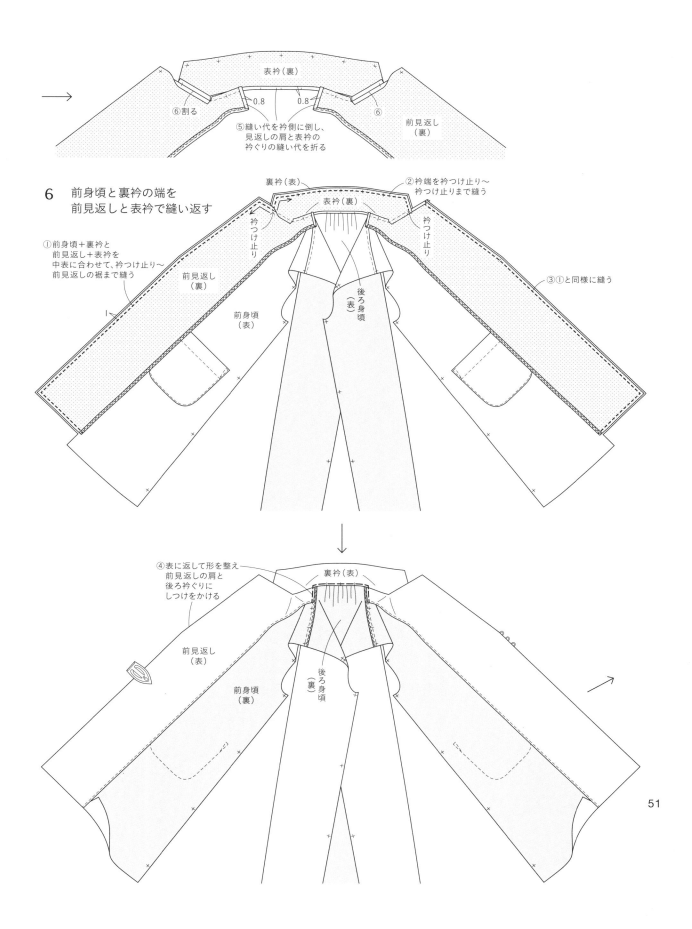

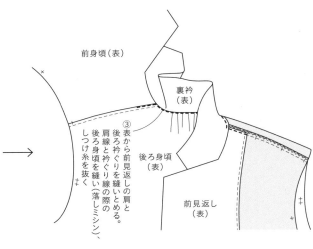

7 袖を作り、つける

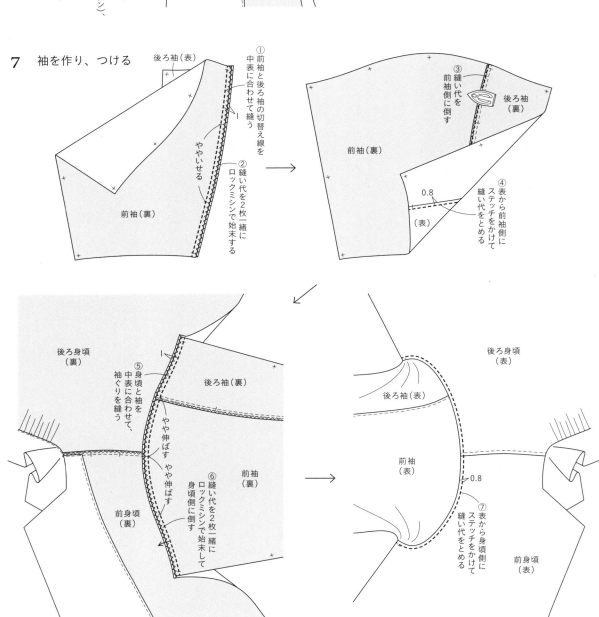

8 袖下～脇を縫う

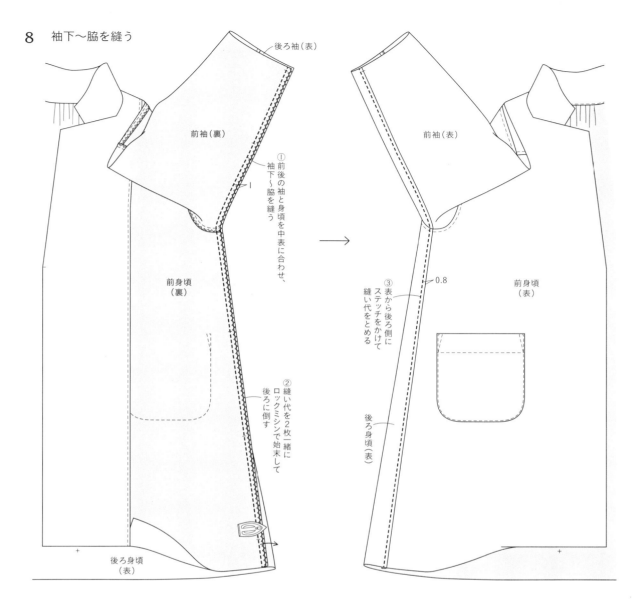

9 袖口見返しを作り、袖口を縫い返す

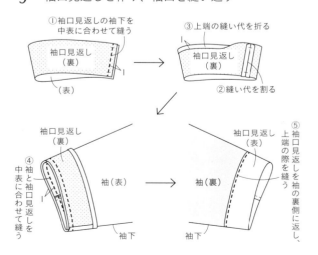

10 裾を始末する

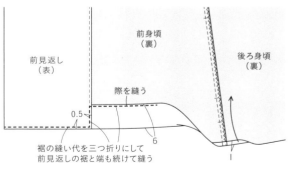

J ラウンドヨークドレス → p.20

体を囲むように弧を描くヨークとたっぷりとしたギャザーが女性らしい一枚。黒で仕立てることで甘さを抑え、落ち着いたシックな印象になります。

出来上り寸法 ＊左から0／1サイズ
バスト＝146／150cm
着丈＝118.5／120cm
ゆき丈＝73／74.5cm

パターン
2表

材料
表布＝ポリエステル ツイル（宇仁繊維）148cm幅 350cm
接着芯＝90cm幅 110cm
ボタン＝直径1.3cmを2個（袖口用）、直径1.5cmを8個（後ろあき用）

準備 ＊裁合せ図も参照
・後ろ身頃の後ろ端の縫い代、後ろヨークの後ろ端の縫い代、袖口見返し、カフスの裏に接着芯をはる。
・袖口見返しの端をロックミシンで始末する。

作り方順序
1 脇ポケットを作り(p.39 4参照)、脇を縫う
2 後ろ端と裾を始末する
3 カフスを作る
4 袖口のあきを袖口見返しで縫い返し、袖下を縫う
5 袖口にギャザーを寄せて、カフスをつける
6 袖をつける
7 ヨークを作る
8 身頃と袖にギャザーを寄せて、ヨークと縫う
9 ボタンホールを作り、ボタンをつける

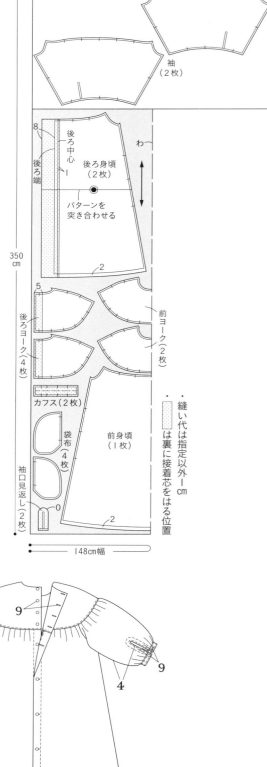

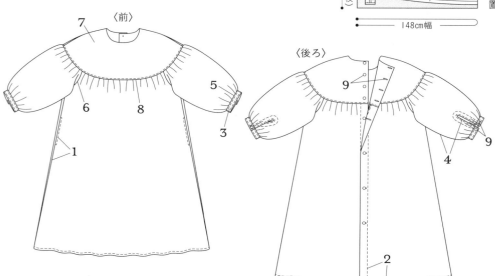

1 脇ポケットを作り、脇を縫う

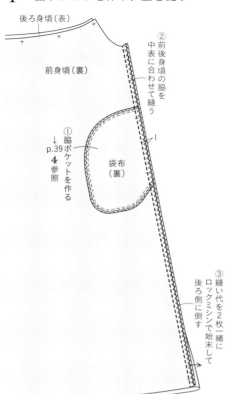

2 後ろ端と裾を始末する

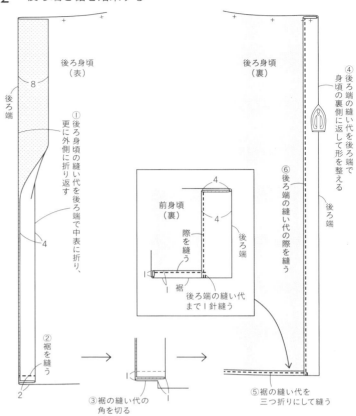

3 カフスを作る

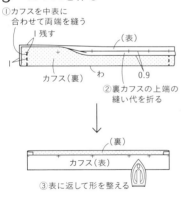

4 袖口のあきを袖口見返しで縫い返し、袖下を縫う

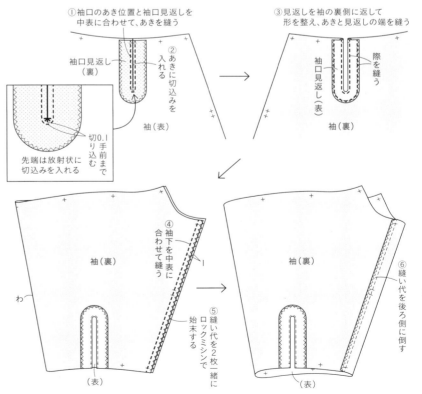

5 袖口にギャザーを寄せて、カフスをつける

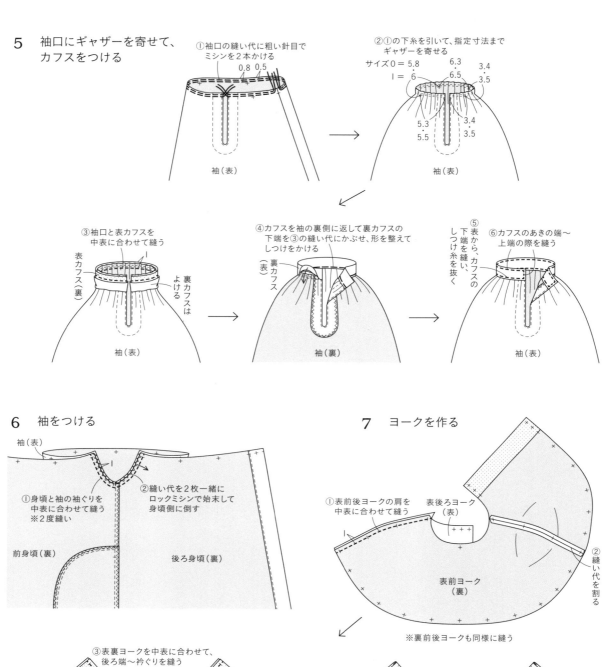

6 袖をつける

7 ヨークを作る

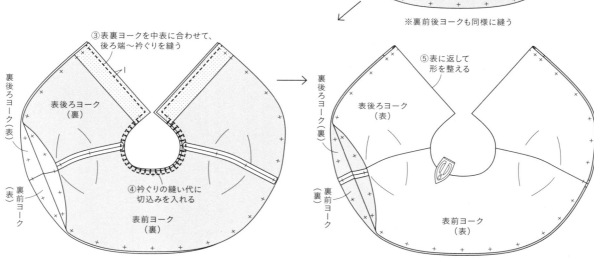

8 身頃と袖にギャザーを寄せて、ヨークと縫う

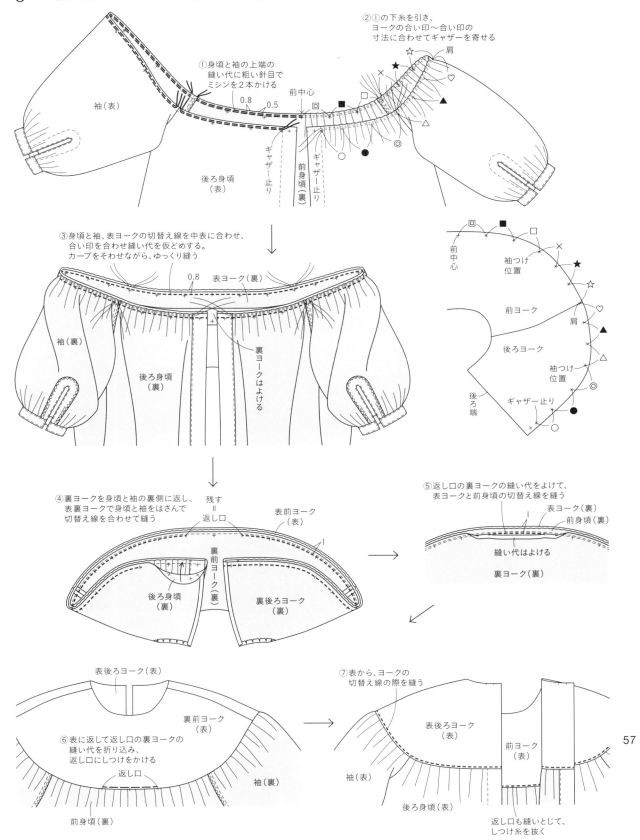

M スタンドカラージャケット →p.28

クラシカルな印象のワークテイストのジャケットをリネンウールで。Kのベスト、Iのパンツと同素材で作ってセットアップとしても楽しんでいただけたら。コットンで作ってもすてきです。

出来上り寸法 ＊左から0／1サイズ
バスト＝105／109cm
着丈＝68.8／70cm
袖丈＝54／55cm

パターン
2裏

材料
表布＝平織ベルギーリネンウール40番手 カーキ（生地の森）
　　　110cm幅 260cm
別布（スレキ）＝20×20cm
接着芯＝90cm幅 80cm
くるみボタン＝直径1.8cmを6個（前あき用）、直径1.2cmを4個（袖口用）

準備　＊裁合せ図も参照
・左前身頃の口布つけ位置、口布、裏衿、前見返し、後ろ見返しの裏に接着芯をはる。
・腰ポケットの脇～底、後ろ身頃の後ろ中心、内袖の持出し上端の縫い代の端をロックミシンで始末する。

作り方順序
1　前身頃のダーツを縫う
2　胸ポケットを作る
3　腰ポケットを作り、つける →p.49 1参照
4　後ろ中心を縫う
5　前後身頃の切替え線を縫う
6　前後身頃、前後見返しの肩をそれぞれ縫う
7　衿を作り、身頃の衿ぐりに仮どめする
8　前端～衿ぐりを前後見返しで縫い返し、裾を始末する
9　袖を作る
10　袖をつける
11　ボタンホールを作り、ボタンをつける

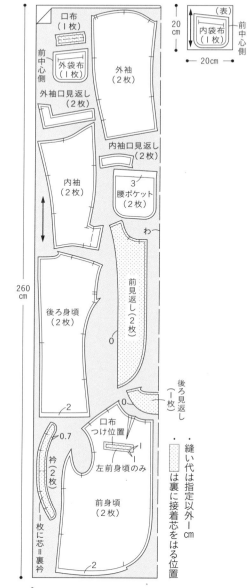

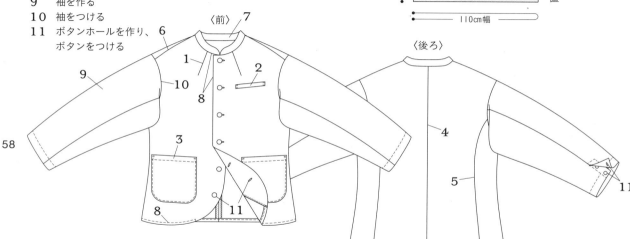

1 前身頃のダーツを縫う

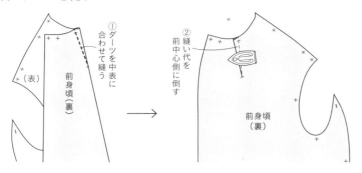

2 胸ポケットを作る

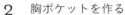

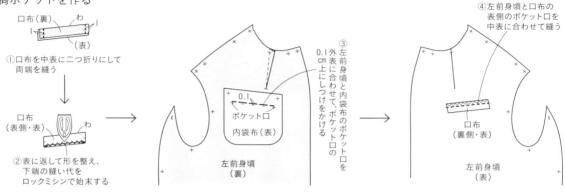

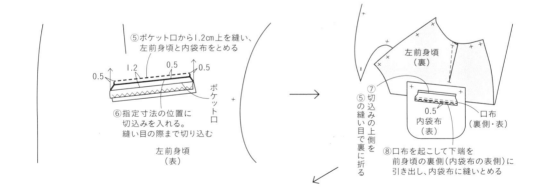

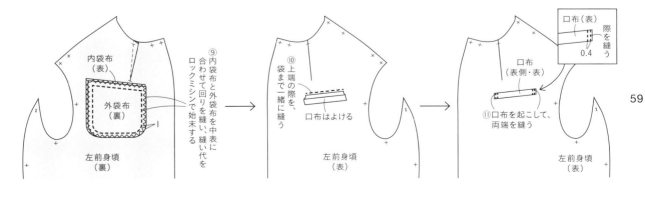

3 腰ポケットを作り、つける

p.49 1参照。ただし、ポケット口の三つ折り、ポケットつけの縫始めと縫終りは下図のように縫う

4 後ろ中心を縫う

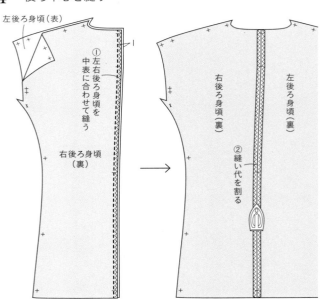

5 前後身頃の切替え線を縫う

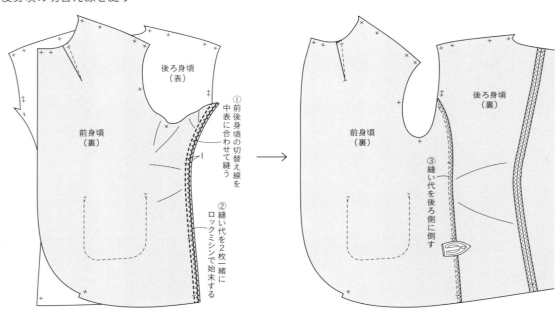

6 前後身頃、前後見返しの肩をそれぞれ縫う

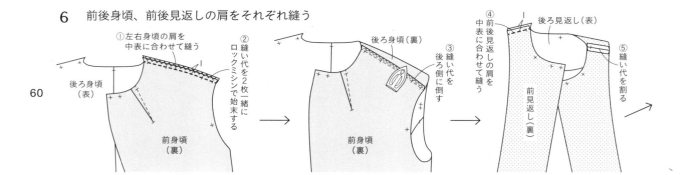

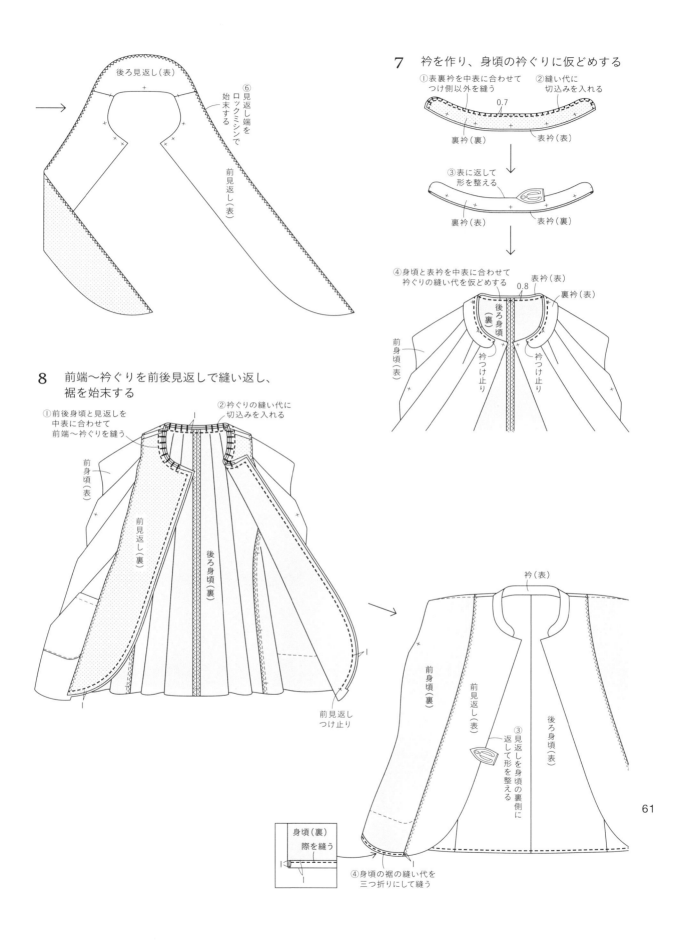

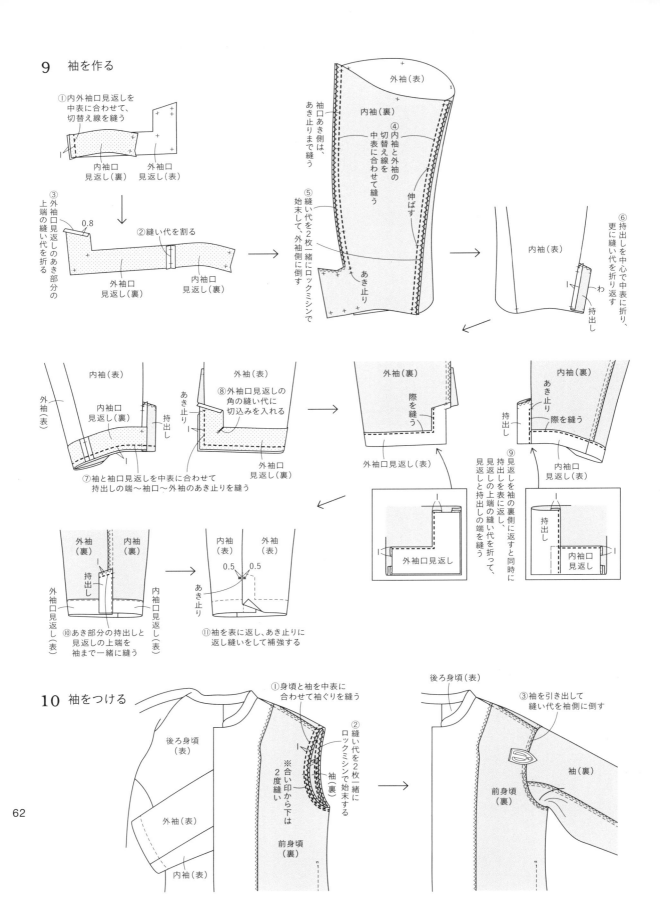

I ヘムリボンタックパンツ I-1→p.18, I-2→p.30

裾にスリットとリボンをあしらい、絞ること
でジョッパーズのように。前はツータック、
後ろウエストはゴム仕様のシンプル仕立て。
体のラインを拾わないゆったりめのシルエッ
トです。p.18は中にペチパンツをはいた着こ
なしで、パンツの裾を折り返しています。

<u>出来上り寸法</u>　＊左から０／１サイズ
ウエスト＝70～98／74～102cm
ヒップ＝146／150cm
パンツ丈＝93／94.5cm

<u>パターン</u>
1 裏

<u>材料</u>　＊ゴムテープは左から０／１サイズ
I-1 表布＝平織ベルギーリネンウール40番手 カーキ（生地の森）
　　　110cm幅 220cm
I-2 表布＝コットン ジャカード（宇仁繊維）108cm幅 220cm
接着芯＝90cm幅 30cm
ゴムテープ＝3cm幅を36／40cm
くるみボタン＝直径1.4cmを1個
平型ボタン＝直径1.4cmを3個

<u>準備</u>　＊裁合せ図も参照
・裾見返し、持出し、あき見返し、比翼布、左右前ベ
　ルトの裏に接着芯をはる。
・裾見返しの回りの端をロックミシンで始末する。

<u>作り方順序</u>
1　前パンツのタックをたたみ、後ろパンツの
　　ダーツを縫う
2　後ろパンツの裾あきを裾見返しで縫い返す
3　脇ポケットを作り、脇を縫う
4　股下を縫う
5　股上を縫い、前あきを作る
6　ベルトを作り、つける。後ろベルトに
　　ゴムテープを通す
7　ひもと裾布を作り、つける
8　ボタンホールを作り、ボタンをつける

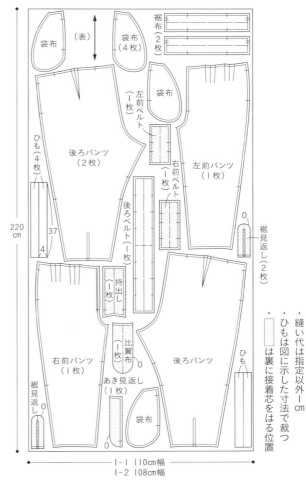

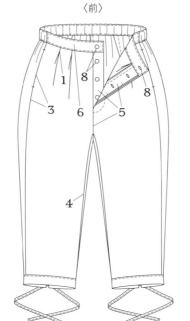

1 前パンツのタックをたたみ、後ろパンツのダーツを縫う

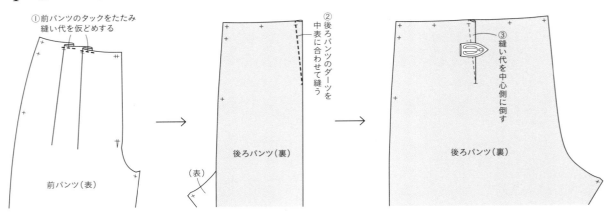

2 後ろパンツの裾あきを裾見返しで縫い返す

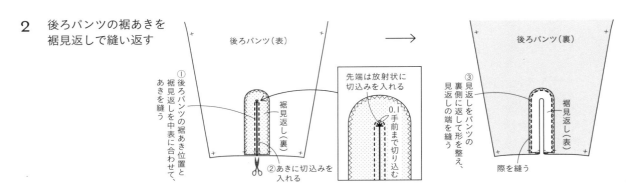

3 脇ポケットを作り、脇を縫う

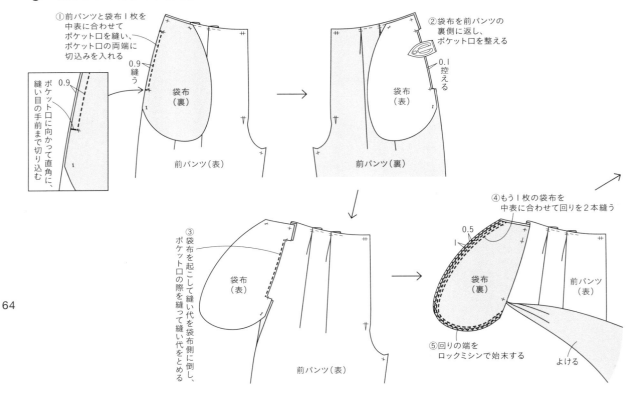

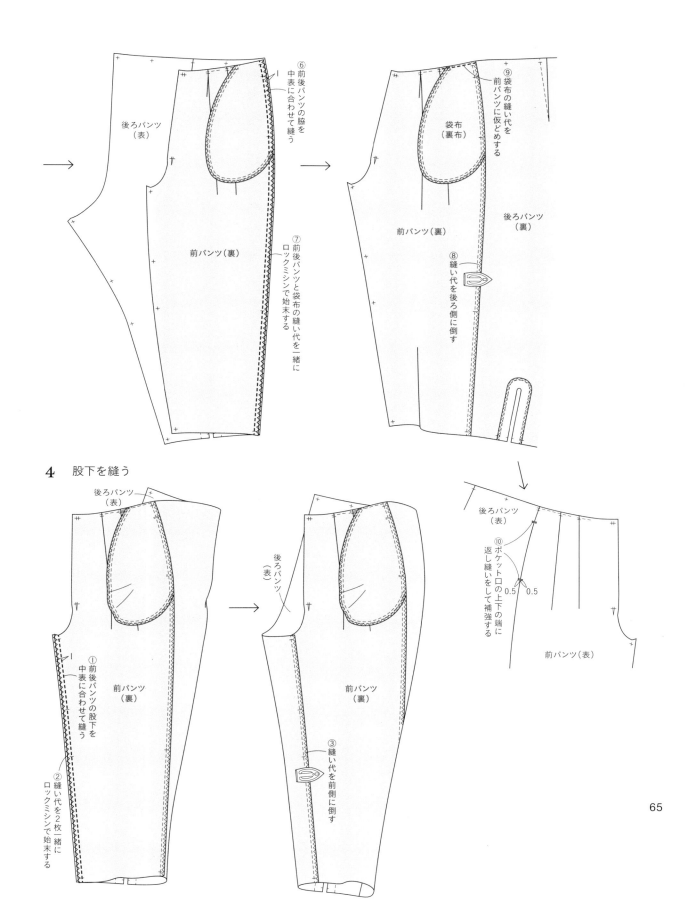

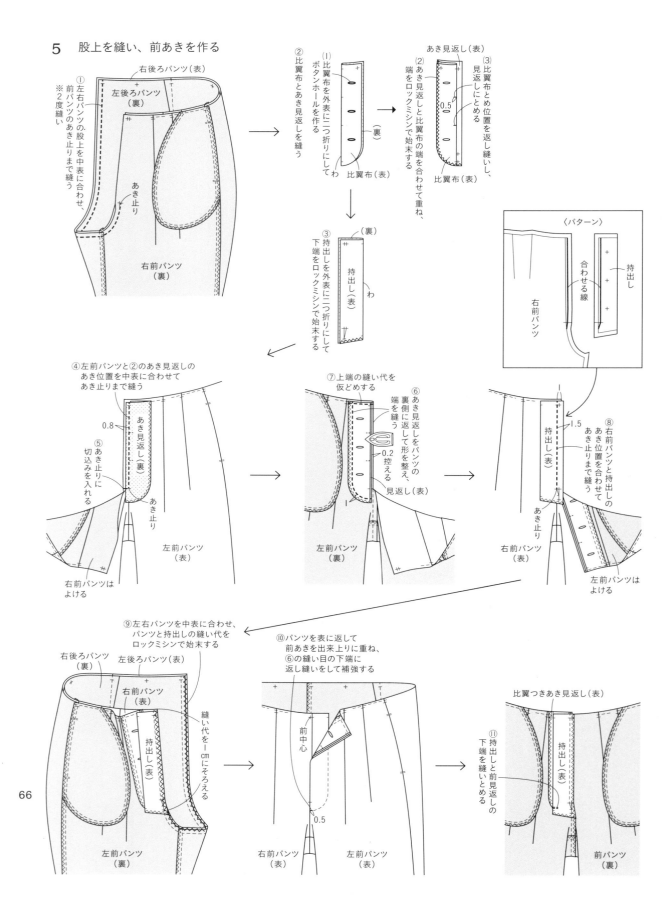

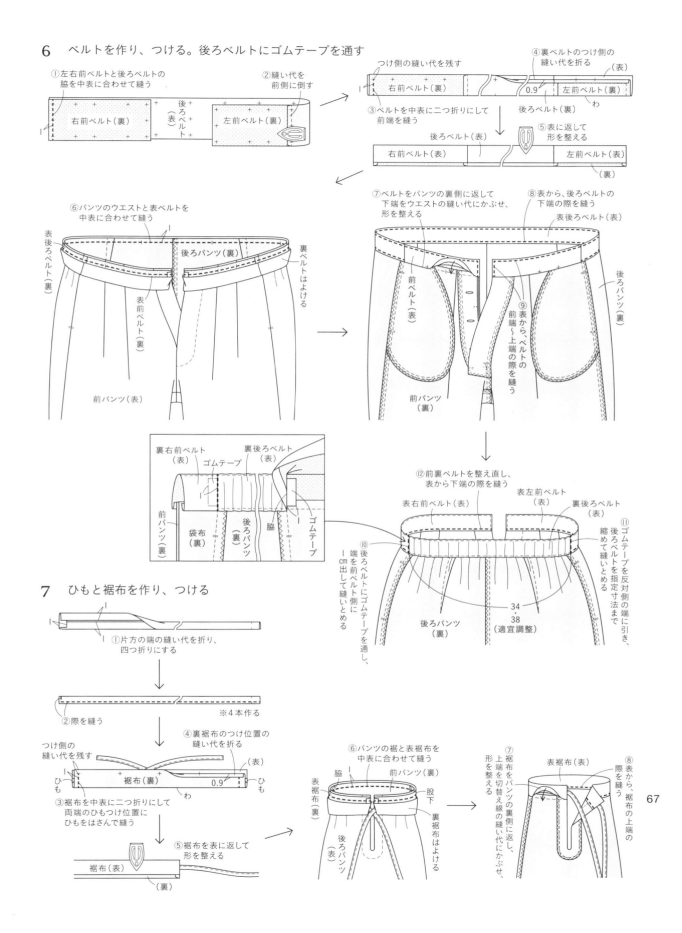

F サイドボタンスカート F-1→p.14, F-2→p.23

片側に並んだボタンがポイントのスカート。ウールでもコットンでも、素材違いでがらりと雰囲気を変えて。シンプルな無地も大胆な柄も似合うスカートです。

出来上り寸法　*左から0／1サイズ
ウエスト＝67〜105／71〜109cm
ヒップ＝144.5／148.5cm
スカート丈＝82.8／84cm

パターン
2 裏

材料　*ゴムテープは左から0／1サイズ
F-1　表布＝コットン タナローン（リバティジャパン）
　　　　　108cm幅 230cm
F-2　表布＝平織ラミーリネンウールキャンバス40番手 カーキ（生地の森）
　　　　　108cm幅 230cm
接着芯＝50×40cm
ゴムテープ＝3.5cm幅を29／33cm
F-1 くるみボタン＝直径1.4cmを5個
F-2 平型ボタン＝直径1.4cmを5個

準備　*裁合せ図も参照
・持出し、あき見返し、左右前ベルトの裏に接着芯をはる。
・あき見返しの回りの端をロックミシンで始末する。

作り方順序
1　前スカートのタックをたたむ
2　脇ポケットを作り、脇を縫う →p.64 3参照
3　前切替え線を縫い、あきを作る
　　（②以降はp.66 5③〜⑪参照。ただし、⑥はあき見返し端から縫い代1.5cmで、⑧はあき位置の布端をそろえて縫う）
4　裾を始末する
5　ベルトを作り、つける。
　　後ろベルトにゴムテープを通す
　　→p.67 6参照。ただし、⑪は後ろベルトを0サイズは27cm、1サイズは31cmに縮める
6　ボタンホールを作り、ボタンをつける

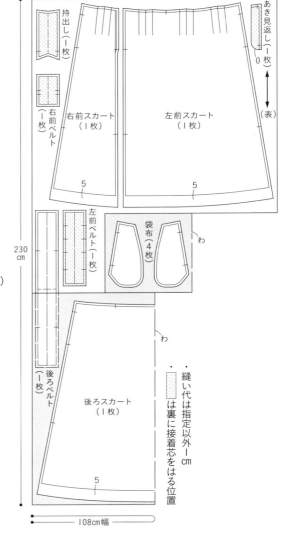

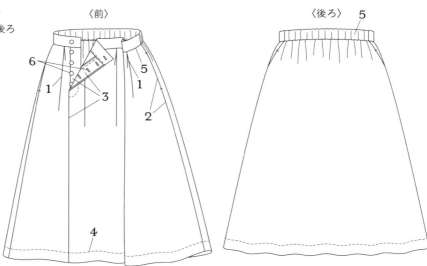

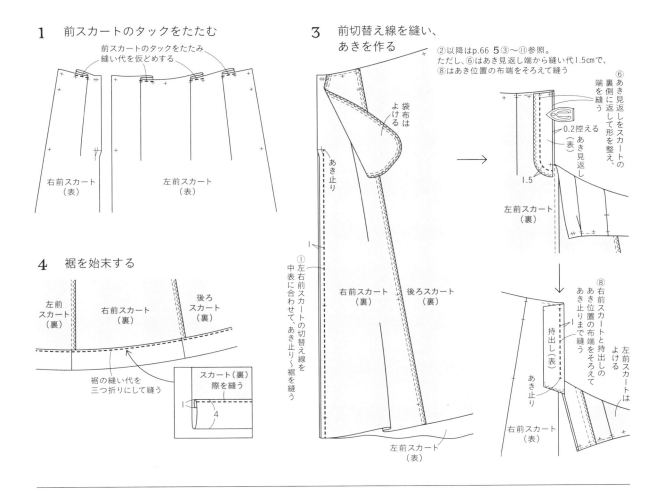

K エプロンベスト K-1→p.22, K-2→p.29

着こなしのアクセントにアクセサリー感覚で楽しんでいただきたいベストです。縫いやすいようになるべくシンプルな作りにしましたので、いろんな生地で作ってみてください。

出来上り寸法 ＊左から0／1サイズ
着丈＝54.3／55.5cm
肩幅＝36.2／36.5cm

パターン
2裏

材料
K-1 表布＝コットン タナローン（リバティジャパン）
　　　　108cm幅 80cm
K-2 表布＝平織ベルギーリネンウール40番手 カーキ
　　　　（生地の森）110cm幅 80cm
裏布＝103cm幅 70cm
接着芯＝90cm幅 30cm
ボタン＝直径1.2cmを3個

準備 ＊裁合せ図も参照
・表前後身頃の左肩、表前後衿ぐり布、
　裏前後衿ぐり布の裏に接着芯をはる。

作り方順序
1　衿ぐり布を作る
2　ひもを作り、裏前後身頃に仮どめする
3　身頃を作る
4　身頃に衿ぐり布をつける
5　ボタンホールを作り、ボタンをつける

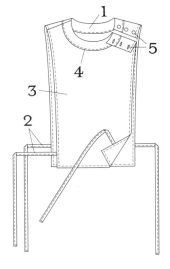

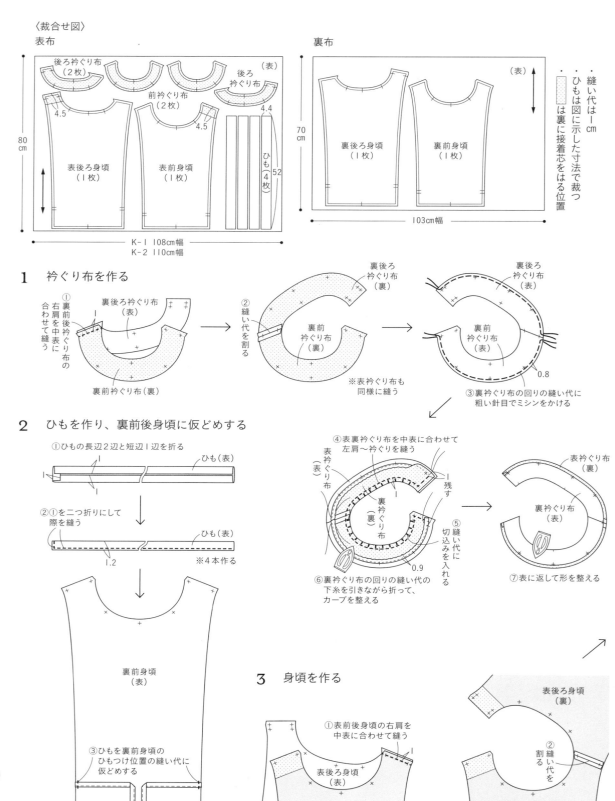

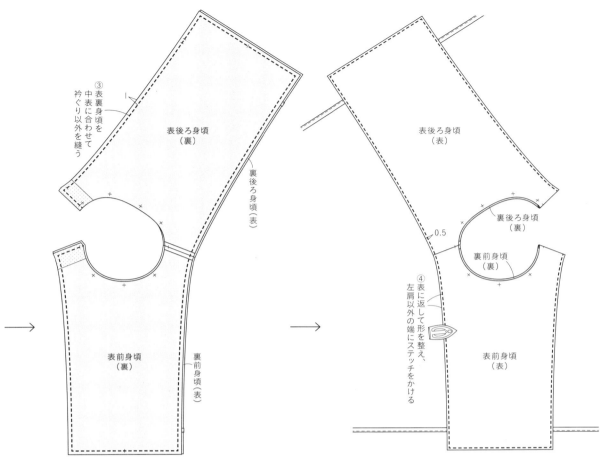

4 身頃に衿ぐり布をつける

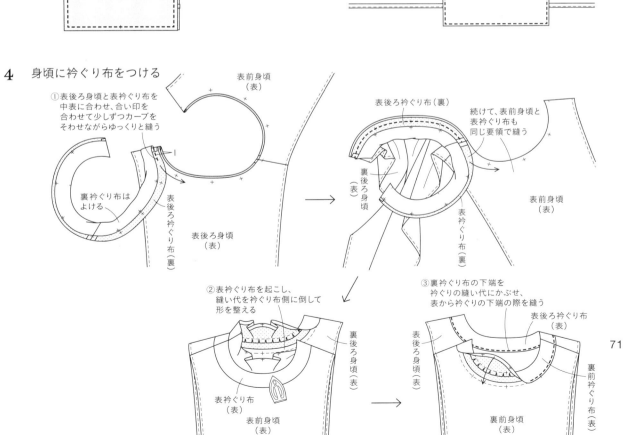

L カシュクールブラウス → p.24

首にやさしくそわせたハイネックが特徴的。ゆるやかに高低差のある曲線の切替えと繊細なギャザーでエレガントに。東洋と西洋の雰囲気を融合させたブラウスです。

出来上り寸法 ＊左から0／1サイズ
バスト＝104／108cm
着丈＝65／67cm
袖丈＝59.8／60.8cm

パターン
2表

材料
表布＝コットン 138cm幅 260cm
接着芯＝90cm幅 45cm
くるみボタン（右身頃と袖口用）＝直径1.2cmを6個
平型ボタン（左身頃内側用）＝直径1.2cmを1個

準備 ＊裁合せ図も参照
・前身頃の衿ぐりの角、前見返し、カフスの裏に接着芯をはる。

作り方順序
1 後ろ身頃と後ろ脇身頃を縫う
2 前身頃と前脇身頃を縫う
3 前見返しの端を始末し、ループを作って仮どめする
4 前身頃、前見返しの後ろ中心をそれぞれ縫う
5 前身頃を前見返しで縫い返す
6 前後身頃の肩〜衿ぐりを縫う
7 袖口のあきを作る
8 袖をつける
9 袖下〜脇を縫う
10 カフスを作る
11 袖口にギャザーを寄せて、カフスをつける
12 ペプラムを作り、ギャザーを寄せる
13 ペプラムと身頃を縫う
14 ボタンホールを作り、ボタンをつける

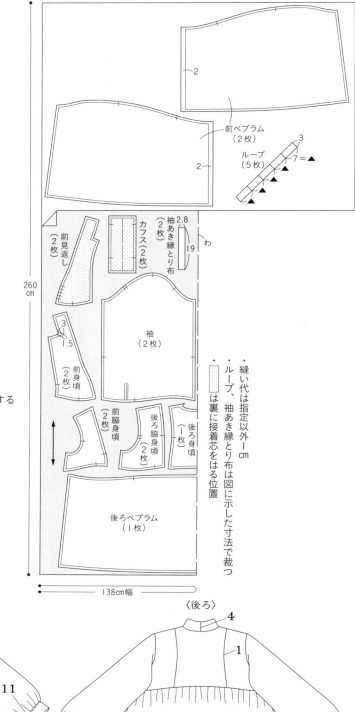

1 後ろ身頃と後ろ脇身頃を縫う　　2 前身頃と前脇身頃を縫う　　3 前見返しの端を始末し、ループを作って仮どめする

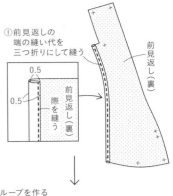

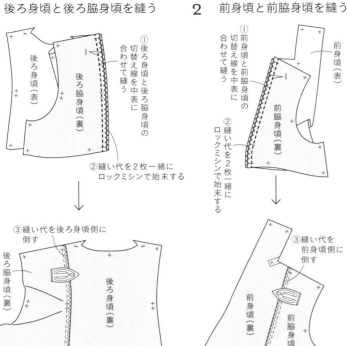

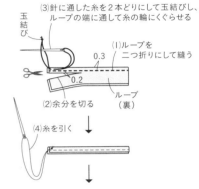

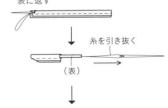

4 前身頃、前見返しの後ろ中心をそれぞれ縫う

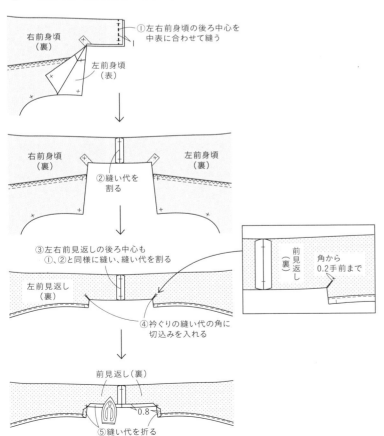

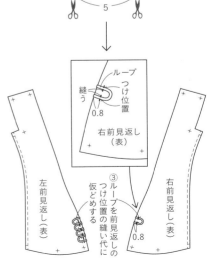

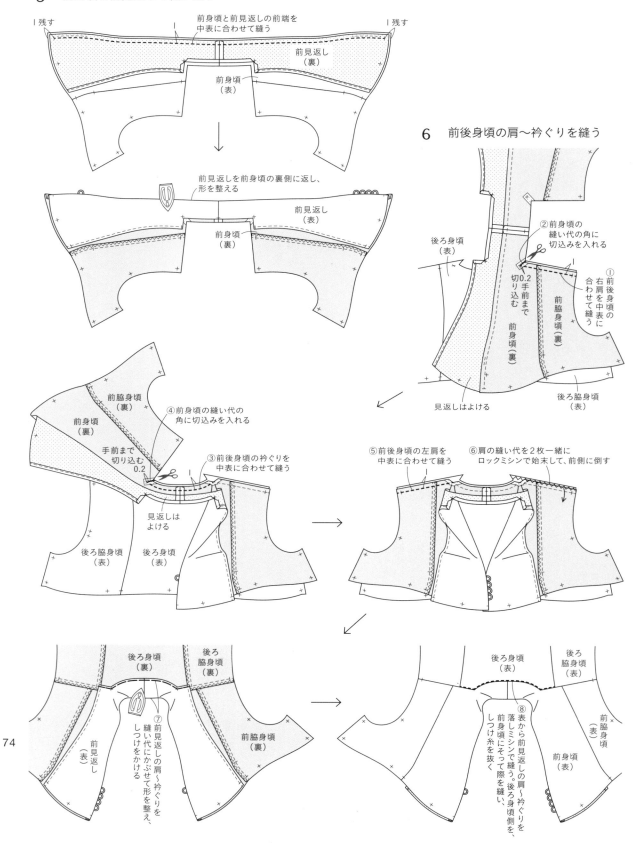

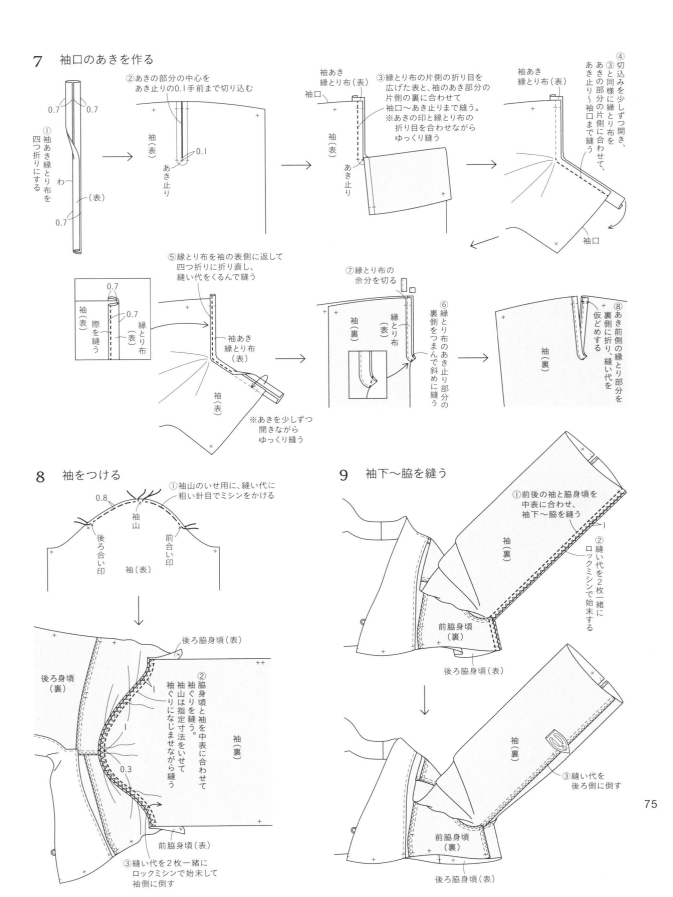

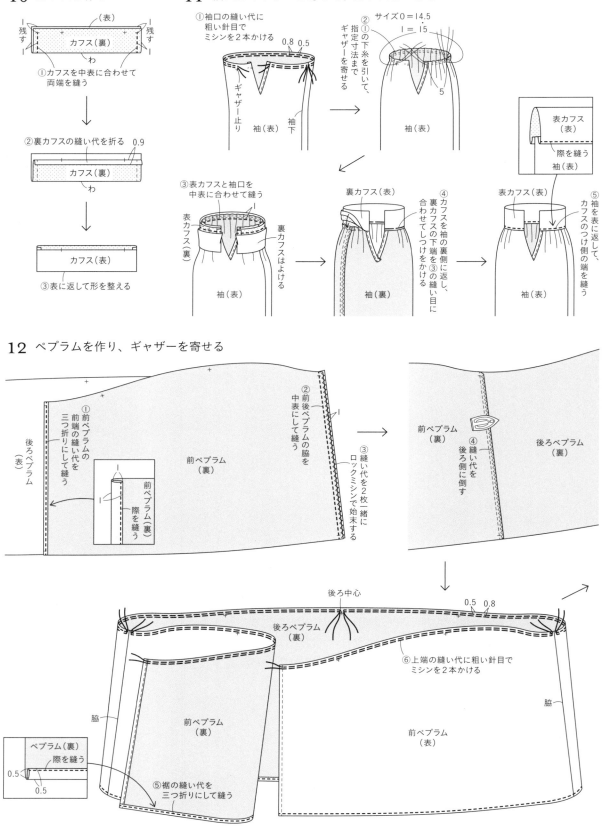

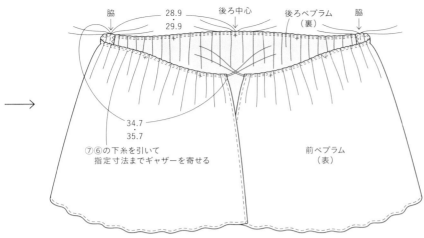

13 ペプラムと身頃を縫う

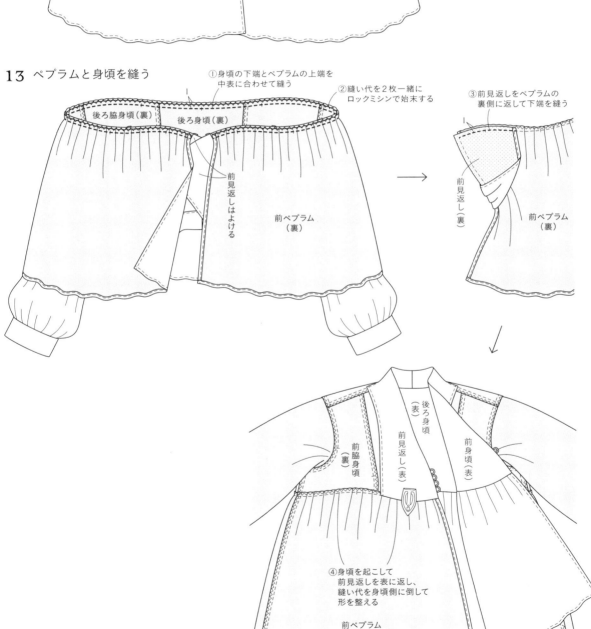

G カシュクールドレス G-1→p.16, G-2→p.26

着物を思わせるようなハイネックが特徴的なドレス。ガウンのようにはおりとしてもお使いいただけます。G-2のプリント生地は透け感があるので、夏のはおりにもぴったりです。こちらは、ポケットと接着芯をつけずに仕立てました。

出来上り寸法 ＊左から0／1サイズ
バスト＝104／108cm
着丈＝123／125cm
袖丈＝57／58cm

パターン
2表

G-1
材料
表布＝コットン 110cm幅 500cm
接着芯＝90cm幅 45cm
くるみボタン（右身頃と袖口用）＝直径1.2cmを6個
平型ボタン（左身頃内側用）＝直径1.2cmを1個

準備 ＊裁合せ図も参照
・前見返し、カフス、前身頃の衿ぐり角の裏に接着芯をはる。

作り方順序
1 後ろ身頃と後ろ脇身頃を縫う →p.73 1参照
2 前身頃と前脇身頃を縫う →p.73 2参照
3 前見返しの端を始末し、ループを作って仮どめする →p.73 3参照
4 前身頃、前見返しの後ろ中心をそれぞれ縫う →p.73 4参照
5 前身頃を前見返しで縫い返す →p.74 5参照
6 前後身頃の肩〜衿ぐりを縫う →p.74 6参照
7 袖口のあきを作る
8 袖をつける →p.75 8参照
9 袖下〜脇を縫う →p.75 9参照
10 カフスを作る
11 袖口にギャザーを寄せて、カフスをつける
12 スカートに脇ポケットを作る →p.39 4参照
13 スカートを作り、ギャザーを寄せる →④以降はp.76 12①〜⑦参照。ただし、裾は1.5cm幅の三つ折りにして縫う
14 スカートと身頃を縫う →p.77 13参照
15 ボタンホールを作り、ボタンをつける

・縫い代は指定以外1cm
・ループは図に示した寸法で裁つ
・▨は裏に接着芯をはる位置

G-2

材料
表布＝コットン ジャカードプリント
　（宇仁繊維）108cm幅 470cm
接着芯＝10×5cm
くるみボタン（右身頃と袖口用）＝直径1.2cmを6個
平型ボタン（左身頃内側用）＝直径1.2cmを1個

準備　＊裁合せ図も参照
・前身頃の衿ぐり角の裏に接着芯をはる。

作り方順序
1. 後ろ身頃と後ろ脇身頃を縫う →p.73 **1**参照
2. 前身頃と前脇身頃を縫う →p.73 **2**参照
3. 前見返しの端を始末し、ループを作って仮どめする →p.73 **3**参照
4. 前身頃、前見返しの後ろ中心をそれぞれ縫う →p.73 **4**参照
5. 前身頃を前見返しで縫い返す →p.74 **5**参照
6. 前後身頃の肩～衿ぐりを縫う →p.74 **6**参照
7. 袖口のあきを作る
8. 袖をつける →p.75 **8**参照
9. 袖下～脇を縫う →p.75 **9**参照
10. カフスを作る
11. 袖口にギャザーを寄せて、カフスをつける
12. スカートを作り、ギャザーを寄せる →④以降はp.76 **12**①～⑦参照。ただし、裾は1.5cm幅の三つ折りにして縫う
13. スカートと身頃を縫う →p.77 **13**参照
14. ボタンホールを作り、ボタンをつける

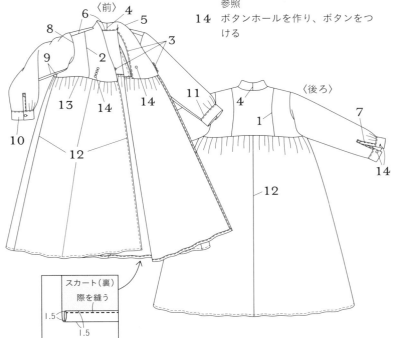

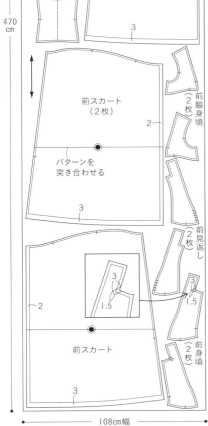

・縫い代は指定以外1cm
・ループは図に示した寸法で裁つ
・▨は裏に接着芯をはる位置

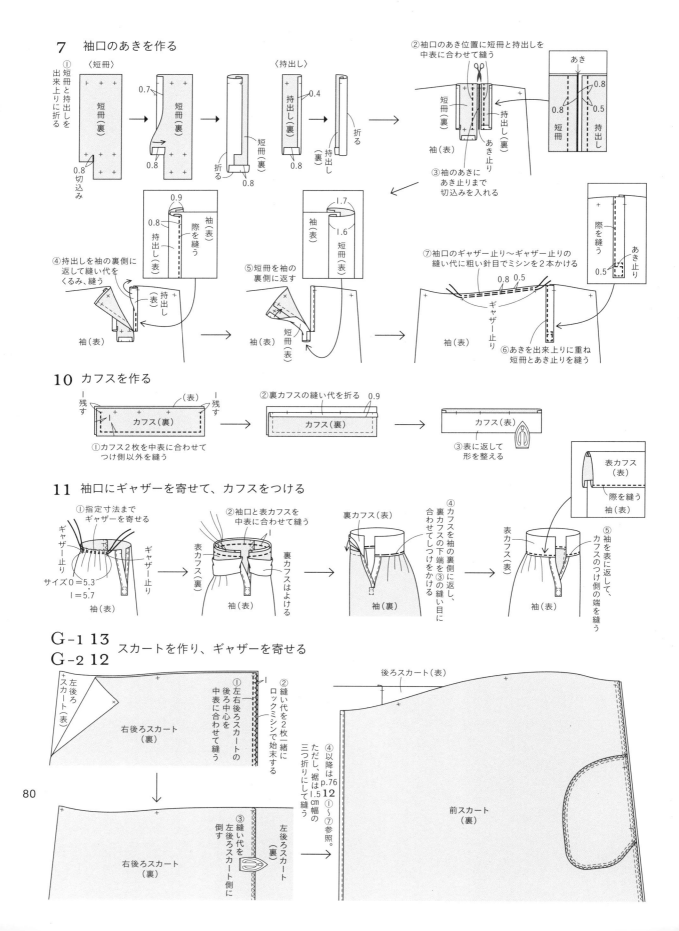